Liebe Leserin, lieber Leser,

jeder Mensch hat einen eigenen Blick auf das Leben: auf das Schwere und das Schöne, auf das, was bedrohlich ist, und das, was wärmt und trägt. Das sind Erfahrungen und Ansichtssachen.

Wir haben in diesem Buch Ansichten und Einsichten zusammengetragen: Zuspruch, Klage, Fragen, Hoffnungen, Anstöße und Anregungen.

Und: In dem Wort »Ansicht« wohnt auch das »Ansehen« – es ist unsere Hoffnung und unser Wunsch, dass jeder Mensch das erlebt:

Ich werde freundlich angesehen.

Ihr Redaktionsteam

Gott, hast du mich vergessen
und verlassen?
Meine Schmerzen, mein Kummer,
sind sie dir gleichgültig?
Schau mich an!
Hör mir zu!
Lass mich hier nicht einfach so am Boden liegen!

NACH PSALM 13,2-4

Einen Tag lang im Sommer

Einen ganzen Tag lang im Sommer
warteten fünfzig Urlauber
eines Busses aus Flensburg am
Großglockner, um diesen zu sehn.
Sie sahen indessen nur Nebel und Wolken
und graues Geröll und ein wenig Schnee.
So sehr sie auch schauten mit Augen und Gläsern,
es war nichts zu sehn. – Und sie trafen
zwei Damen aus Tilburg in Holland,
die schon drei Wochen schauten und schauten
auf Geröll und Gewölk, aber vom Berg nichts gesehn.

Jedoch zu zweifeln an diesem Berg,
an seinem realen Vorhandensein,
sah keiner sich abends genötigt,
als sie den Bus dann bestiegen.

Selbst Herr Koch, der ansonsten nur glaubt,
was er sieht (mit eigenen Augen), sonst nichts,
hatte fünf Ansichten des großen Glockners
in Farben gekauft und schrieb hinten drauf
von unvergesslichen Eindrücken.
Und hatte selber gar nichts gesehen als Nebel.
Und zweifelte doch nicht an dem großen Berg.
Und vertraute dem Österreichischen Alpenverein.

LOTHAR ZENETTI

glauben –
was ist das?
ein gesang
in der nacht
worte die wärmen
im winter
das heilkraut
des lachens
ein weinen
das versteinerte löst
beherztheit
die über mutlose kommt
erwartung
selbst noch im sterben

KURT MARTI

Mein Herz ist geschlagen und verdorrt wie Gras,
dass ich vergesse, mein Brot zu essen.
Ich wache und klage
wie ein einsamer Vogel auf dem Dache.

PSALM 102,5+8

Gott, hilf mir!
Denn das Wasser geht mir bis an die Kehle.
Ich versinke in tiefem Schlamm,
wo kein Grund ist;
ich bin in tiefe Wasser geraten,
und die Flut will mich ersäufen.
Ich habe mich müde geschrien,
mein Hals ist heiser.
Meine Augen sind trübe geworden,
weil ich so lange harren muss auf meinen Gott.

PSALM 69,2-4

Glaube ist der Vogel,
welcher singt,
wenn die Nacht noch dunkel ist.

RABINDRANATH TAGORE

Die Nacht,
In der
Das Fürchten
Wohnt,

Hat auch
Die Sterne
Und den
Mond.

MASCHA KALÉKO

Empfänger unbekannt – Retour à l'expéditeur
Vielen Dank für die Wolken.
Vielen Dank für das Wohltemperierte Klavier
und, warum nicht, für die warmen Winterstiefel.
Vielen Dank für mein sonderbares Gehirn
und für allerhand andre verborgne Organe,
für die Luft, und natürlich für den Bordeaux.
Herzlichen Dank dafür,
dass mir das Feuerzeug nicht ausgeht,
und die Begierde, und das Bedauern,
das inständige Bedauern.
Vielen Dank für die vier Jahreszeiten,
für die Zahl Pi und für das Koffein,
und natürlich für die Erdbeeren auf dem Teller,
gemalt von Chardin, sowie für den Schlaf,
für den Schlaf ganz besonders,

und, damit ich es nicht vergesse,
für den Anfang und das Ende
und die paar Minuten dazwischen
inständigen Dank,
meinetwegen für die Wühlmäuse
draußen im Garten auch.

HANS-MAGNUS ENZENSBERGER

Der einzige Mensch,
der sich vernünftig benimmt,
ist mein Schneider.
Er nimmt jedes Mal neu Maß, wenn er mich trifft,
während alle anderen immer
die alten Maßstäbe anlegen,
in der Meinung, sie passten auch heute noch.

GEORGE BERNARD SHAW

Alles wandelt sich. Neu beginnen
Kannst du mit dem letzten Atemzug.
Aber was geschehen, ist geschehen. Und das Wasser
Das du in den Wein gossest, kannst du
Nicht mehr herausschütten.

Was geschehen, ist geschehen. Das Wasser
Das du in den Wein gossest, kannst du
Nicht mehr herausschütten, aber
Alles wandelt sich. Neu beginnen
Kannst du mit dem letzten Atemzug.

BERTOLT BRECHT

Hoffnung ist ein
Geisteszustand,
keine Prognose.

NACH VÁCLAV HAVEL

Wahrer Trost
verlangt nicht nach Worten
sondern purem Schweigen.

Wahrer Trost
trocknet keine Tränen
sondern ermutigt dich zum Weinen.

Wahrer Trost
richtet dich nicht auf
sondern lässt sich mit dir fallen.

Wahrer Trost
schöpft aus dem Nichts und weiß
um sein zerbrechliches Wesen.

Wahrer Trost
vermag nichts anderes
als die Untröstlichkeit
deiner Seele zu teilen.

UTE LESER

Ich glaube, dass Krankheiten Schlüssel sind, die uns gewisse Tore öffnen können. Ich glaube, es gibt gewisse Tore, die einzig die Krankheit öffnen kann. Es gibt jedenfalls einen Gesundheitszustand, der uns nicht erlaubt, alles zu verstehen. Vielleicht verschließt uns die Krankheit einige Wahrheiten; ebenso aber verschließt uns die Gesundheit andere oder führt uns davon weg, so dass wir uns nicht mehr darum kümmern. Ich habe unter denen, die sich einer unerschütterlichen Gesundheit erfreuen, noch keinen getroffen, der nicht nach irgendeiner Seite hin ein bisschen beschränkt gewesen wäre, – wie solche, die nie gereist sind.

ANDRÉ GIDE

Es hat noch niemand
das Meer überfahren,
der darauf gewartet hat,
dass die Wellen aufhören.

2
13M
8
6
4
2
12M
8
6
4
2
4
10M
8
6
4
2
9M
8
6
4
2
8M
8
6
4
2
7M
8
6
4
2
6M
8
6
4
2
5M

Ich möchte Leuchtturm sein
in Nacht und Wind –
für Dorsch und Stint,
für jedes Boot –
und bin doch selbst
ein Schiff in Not!

WOLFGANG BORCHERT

Bitte

Für die Trostlosen ein Herz
Für die Heimatlosen ein Federbett
Für die Sprachlosen ein Lied
Für die Freudlosen ein Trampolin
Für die Herzlosen ein Eisbärkind
Für alle einen Engel mit Feueratem und
    Samthandschuhen

SUSANNE NIEMEYER

Es gibt
Widersprüche,
die sich nicht
auflösen lassen –
Widerstände,
die man nicht
brechen kann.
Und es gibt
die Kraft,
sie auszuhalten.

LILLY RONCHETTI

Was man so braucht ...

Man braucht nur eine Insel
Allein im weiten Meer.
Man braucht nur einen Menschen,
Den aber braucht man sehr.

MASCHA KALÉKO

Von guten Mächten wunderbar geborgen,
erwarten wir getrost, was kommen mag.
Gott ist mit uns am Abend und am Morgen
und ganz gewiß an jedem neuen Tag.

DIETRICH BONHOEFFER

Sei barmherzig mit anderen Menschen.
Auch sie kämpfen einen großen Kampf.

NACH PLATO

CAUTION
SLIPPERY
LIFE
IN TOWN

Ich hätte mit 16 gern gewusst, dass das Einzige, was zwischen uns und dem Leben steht, die eigene Angst ist, und dass man sie nicht füttern darf, indem man ihr nachgibt. Ich hätte gern gewusst, dass es keine Veränderung gibt, ohne dass man dafür mit Angst bezahlen muss, und wie wunderbar glücklich und frei es macht, Dinge zu tun, vor denen man sich fürchtet.

CORNELIA FUNKE

Gebete ändern nicht die Welt,
aber Gebete ändern die Menschen,
und Menschen ändern die Welt.

ALBERT SCHWEITZER

Wir können den Wind nicht ändern,
aber die Segel anders setzen.

ARISTOTELES

HOLSTEN
Pilsener
PREMIUM

Der Schöpfer wirft uns in die Luft, um uns am Ende überraschenderweise wieder aufzufangen. Es ist wie in dem ausgelassenen Spiel, das Eltern mit ihren Kindern spielen. Und die Botschaft lautet: Hab Vertrauen in den, der dich wirft, denn er liebt dich und wird vollkommen unerwartet auch der Fänger sein.

Und wenn ich es Revue passieren lasse, hat Gott mich auf dem Weg andauernd in die Luft geworfen und wieder aufgefangen. Wir sind uns jeden Tag begegnet.

HAPE KERKELING

Bedenke, ein Stück des Weges liegt hinter Dir,
ein anderes vor dir.
Wenn du verweilst,
dann nur, um dich zu stärken,
aber nicht, um aufzugeben.

AUGUSTINUS

So spricht Gott:
Fürchte dich nicht, denn ich habe dich erlöst;
ich habe dich bei deinem Namen gerufen;
du bist mein!

JESAJA 43,1

Wenn es nicht weitergeht,
kann es genau das bedeuten: Es geht weiter.
Wenn wir etwas nicht sehen,
ist es gerade das, was es gilt zu sehen.
Wenn wir leer sind,
steht uns nichts mehr im Wege.
Etwas nicht zu schaffen eröffnet uns Möglichkeiten,
an die wir nicht gedacht haben.
Der verschlossene Weg ist oft der Weg für uns,
den wir nicht wahrhaben wollten.
Zu begreifen, dass man etwas nicht begreift,
ist auch eine Einsicht.

Zwei Wölfe

Eine alte Indianerin saß mit ihrer Enkelin am Lagerfeuer. Es war schon dunkel geworden, das Feuer knackte, die Flammen züngelten zum Himmel. Die Alte sagte nach einer langen Weile des Schweigens: »Weißt du, wie ich mich manchmal fühle? Es ist, als ob zwei Wölfe in meinem Herzen miteinander kämpfen würden. Einer der beiden ist rachsüchtig, aggressiv und grausam. Der andere ist liebevoll, sanft und mitfühlend.«

»Welcher der beiden wird den Kampf um dein Herz gewinnen?«, fragte das Mädchen.

Bedächtig antwortete die Alte: »Der, den ich füttere.«

Begegnungen

Ich traf einen jungen Mann,
kerngesund, modisch gekleidet, Sportwagen,
und fragte beiläufig, wie er sich fühle.
Was für ’ne Frage, sagte er, beschissen!

Ich fragte, ein wenig verlegen,
eine schwerbehinderte ältere Frau
in ihrem Rollstuhl, wie es ihr gehe.
Gut, sagte sie, es geht mir gut.

Da sieht man wieder, dachte ich
bei mir, immer hat man
mit den falschen Leuten Mitleid.

LOTHAR ZENETTI

»Ja, die Zeit vergeht und man fängt an alt zu werden«, sagte Pippi. »Im Herbst werde ich zehn Jahre alt und dann hat man wohl seine besten Tage hinter sich.«

ASTRID LINDGREN

An die Zitterpappel

Gut, dass du da bist.
Dein Grün zittert mittags im Licht.
Zittert nachts ohne Mond, ohne Wind.
Du birgst das Nest der Krähe,
des Kummervogels.
Du hütest das Wasser, das rasch davonfließt.

Immer höher wächst du,
immer vollere Krone.
Wächst über das Dach des Vaters,
der lange tot ist,
der sagte, sooft ihm bang war:
»Gut, dass du da bist, Baum. Du
zitterst und wächst,
zitterst und wächst zugleich.«

RUDOLF OTTO WIEMER

Die Hummel wiegt 4,9 Gramm.
Sie hat eine Flügelfläche von 1,45 cm^2
bei einem Flächenwinkel von 6°.
Nach dem Gesetz der Aerodynamik
kann die Hummel nicht fliegen.
Aber die Hummel weiß das nicht.

Ein jegliches hat seine Zeit,
und alles Vorhaben unter dem Himmel
hat seine Stunde:
Geboren werden hat seine Zeit,
sterben hat seine Zeit;
pflanzen hat seine Zeit,
ausreißen, was gepflanzt ist, hat seine Zeit;
weinen hat seine Zeit,
lachen hat seine Zeit;
klagen hat seine Zeit,
tanzen hat seine Zeit;
herzen hat seine Zeit,
aufhören zu herzen hat seine Zeit;
suchen hat seine Zeit,
verlieren hat seine Zeit; ▷

schweigen hat seine Zeit,
reden hat seine Zeit;
lieben hat seine Zeit,
hassen hat seine Zeit;
Streit hat seine Zeit,
Friede hat seine Zeit.

Gott hat alles schön gemacht zu seiner Zeit,
auch hat er die Ewigkeit
in des Menschen Herz gelegt;
nur dass der Mensch nicht ergründen kann
das Werk, das Gott tut,
weder Anfang noch Ende.

PREDIGER 3,1-11 IN AUSWAHL

Zufrieden

Ich kenne einen Mann, der irgendwann auf die Idee gekommen war, am Morgen nach dem Aufstehen eine Handvoll Bohnen in seine linke Hosentasche zu stecken. Und jedes Mal, wenn ihm während des Tages etwas Schönes geschah, wenn er sich über etwas freute oder dankbar war für ein kleines Glück, nahm er eine Bohne aus der linken und packte sie in seine rechte Hosentasche.

Am Anfang wechselten nur wenige Bohnen die Seite. Aber von Tag zu Tag wurden es mehr: Das Morgenlied eines Vogels, der Duft des frisch gebrühten Kaffees, das Lächeln einer Verkäuferin, ein warmer Sonnenstrahl auf seiner Haut oder der Schwatz mit einer Nachbarin ... jedes Mal wanderte eine Bohne von links in die rechte Hosentasche.

Abends, bevor er sich schlafen legte, nahm er die Bohnen und zählte sie. Mal waren es viele, mal nur wenige. Doch bei jeder einzelnen Bohne konnte er sich an ein schönes Erlebnis erinnern. Zufrieden schlief er ein.

Der beste Zeitpunkt,
einen Baum zu pflanzen,
war vor zwanzig Jahren.
Der zweitbeste Zeitpunkt ist
jetzt.

Löwenzahn

Eine Frau beschloss, einen Garten anzulegen. Sie bereitete den Boden vor und streute die Samen wunderschöner Blumen aus. Als die Saat aufging, wuchs auch der Löwenzahn. Die Frau versuchte mit allen möglichen Methoden, den Löwenzahn auszurotten, aber nichts half. Am Ende machte sie sich auf, um in der fernen Hauptstadt den Hofgärtner des Königs zu befragen.

Der weise alte Gärtner, der schon so manchen Park angelegt hatte, gab ihr viele Ratschläge, wie der Löwenzahn loszuwerden sei. Aber was er auch vorschlug, die Frau hatte alles schon probiert.

So saßen die beiden ratlos da, bis am Ende der Gärtner die Frau anschaute und sagte: »Wenn denn alles, was ich dir vorgeschlagen habe, nichts genützt hat, dann gibt es nur einen Ausweg: Lerne, den Löwenzahn zu lieben.«

Dass die Vögel
der Sorge und des Kummers
über deinem Haupt fliegen,
kannst du nicht ändern.
Aber dass sie Nester
in deinem Haar bauen,
das kannst du verhindern.

MARTIN LUTHER

Alles verloren

Der einzige Überlebende eines Schiffsunglücks wird an den Strand einer einsamen und unbewohnten Insel gespült. Tag für Tag hält er Ausschau nach Rettung – vergeblich. Schließlich baut er für sich und seine wenigen Habseligkeiten eine kleine Hütte aus Holz. Eines Tages aber geht seine Hütte in Flammen auf. Nun hat er alles verloren, er schreit und klagt vor Ärger und Verzweiflung.

Am nächsten Morgen hört er ein Motorboot. Er springt auf und tatsächlich, man will ihn retten. »Woher wusstet ihr, dass ich hier bin?«, fragte er glückstaumelnd seine Retter.

»Wir haben Ihr Rauchsignal gesehen.«

Ich bin heil, ich bin ganz –
mit allem was mir fehlt.

Einen Augenblick lang
Manchmal,
in seltenen Stunden,
spürst du auf einmal
nahe dem Herzen, am
Schulterblatt schmerzlich
die Stelle, an der uns,
wie man erzählt, vor
Zeiten ein Flügel bestimmt war,
den wir verloren.

Manchmal
regt sich dann
etwas in dir, ein Verlangen,
wie soll ich's erklären,
ein unwiderstehliches Streben,

leichter und freier zu leben
und dich zu erheben und
hoch über allem zu schweben.

Manchmal,
nur einen Augenblick lang –
dann ist es vorbei –
erkennst du dein wahres
Gesicht, du ahnst, wer du
sein könntest und solltest.
Dann ist es vorbei.
Und du bist, wie du bist.
Du tust, was zu tun ist.
Und du vergisst.

LOTHAR ZENETTI

Unvollkommen

In meinen Beziehungen zu Menschen habe ich herausgefunden, dass es auf lange Sicht nicht hilft, so zu tun, als wäre ich jemand, der ich nicht bin.

Es hilft mir nicht, so zu tun, als wäre ich voller Sicherheit, wenn ich eigentlich beängstigt und unsicher bin.

Es hilft mir nicht, so zu tun, als sei ich gesund, wenn ich mich krank fühle.

Ich spüre, dass ich den Umständen gerechter werde, wenn ich mir erlaube, so zu sein, wie ich bin.

Es ist für mich einfacher geworden, mich als einen unvollkommenen Menschen zu akzeptieren.

NACH CARL R. ROGERS

buh
HUG ME
Bass
KERSM SERGE GBAK.MTS
JIPPIE JAY GAY

Lieber Gott, bis jetzt geht's mir gut. Ich habe noch nicht getratscht, die Beherrschung verloren, war noch nicht muffelig, gehässig, egoistisch oder zügellos. Ich habe noch nicht gejammert, geklagt, geflucht oder Schokolade gegessen. Die Kreditkarte habe ich auch noch nicht belastet. Aber in etwa einer Minute werde ich aus dem Bett klettern, und dann brauche ich wirklich deine Hilfe.

Wassertropfen

Jeden Tag gehen die Frauen aus dem Dorf hinunter zum Fluss. In großen Tonkrügen holen sie Wasser, denn im Dorf gibt es keine Quelle. Eines Morgens schaut eine der Frauen verträumt einem Schmetterling hinterher. Dabei stolpert sie, und der Krug wird beschädigt. Einen zweiten hat sie nicht, auch kein Geld für einen neuen, und so umwickelt sie den Krug notdürftig mit ihrem Tuch. Aber das Wasser tropft an den Bruchstellen heraus, und als sie im Dorf ankommt, ist die Hälfte weg. [...] Eines Morgens aber, als die Frauen wieder zum Fluss gehen, ist der schmale Pfad gesäumt von grünen Gräsern und vielen kleinen Blumen, rot, gelb und weiß leuchten sie. »Das waren deine Wassertropfen«, lachen die Frauen, »sie haben den staubigen Weg zum Blühen gebracht.«

LEB

TROTS ALLES

So weiß auch keiner von uns, was er wirkt und was er den Menschen gibt. Es ist für uns verborgen und soll es bleiben. Manchmal dürfen wir ein klein wenig davon sehen, um nicht mutlos zu werden.

ALBERT SCHWEITZER

Rettung

Ein furchtbarer Sturm kam auf. Das Meer tobte, und meterhohe Wellen brachen sich ohrenbetäubend am Strand. Als das Unwetter nachließ und der Himmel aufklarte, lagen am Strand unzählige Seesterne, die die Wogen auf den Strand gespült hatten.

Ein kleines Mädchen lief am Wasser entlang, nahm einen Seestern nach dem anderen in die Hand und warf ihn zurück ins Meer. Ein Spaziergänger sah das und sprach das Mädchen an:
»Ach, Kleine! Was du da machst, ist vollkommen sinnlos. Siehst du nicht, dass der ganze Strand voll von Seesternen ist? Die kannst du niemals alle zurück ins Meer werfen! Was du da tust, ändert nicht das Geringste!«

Das Mädchen schaute den Mann an. Dann nahm sie den nächsten Seestern und warf ihn in die Fluten. »Für ihn wird es etwas ändern!«

Der Wunsch

Flügel möchte ich besitzen,
Bis zum blauen Himmel dringen,
Wo die schönen Sterne blitzen –
Schöner Engel schenk' mir Schwingen.

Als der Engel mich vernommen,
Griff er in die Silbertruhe –
Und was habe ich bekommen?
Gute, feste Wanderschuhe.

HEDWIG DIESTEL

Und ob ich schon wanderte im finstern Tal,
fürchte ich kein Unglück; denn du bist bei mir.

PSALM 23,4

... und ich möchte Sie, so gut ich es kann, bitten ..., Geduld zu haben gegen alles Ungelöste in Ihrem Herzen und zu versuchen, die Fragen selbst lieb zu haben, wie verschlossene Stuben und wie Bücher, die in einer fremden Sprache geschrieben sind. Forschen Sie jetzt nicht nach den Antworten, die Ihnen nicht gegeben werden können, weil Sie sie nicht leben könnten. Und es handelt sich darum, alles zu leben. Leben Sie jetzt die Fragen. Vielleicht leben Sie dann allmählich, ohne es zu merken, eines fernen Tages in die Antworten hinein.

RAINER MARIA RILKE

Du kannst nicht tiefer fallen
als nur in Gottes Hand …

ARNO PÖTZSCH

Am Ende der Suche und der Frage nach Gott
steht keine Antwort,
sondern eine Umarmung.

RENATE WIND

Wer bringt das Pferd zum Fliegen?
Im alten Indien verurteilte ein König einen Mann zum Tode. Der Mann bat den König, das Urteil aufzuheben, und fügte hinzu: »Wenn der König gnädig ist und mein Leben schont, werde ich seinem Pferd innerhalb eines Jahres das Fliegen beibringen.«

»Es sei«, sagte der König, »aber wenn das Pferd in dieser Zeit nicht fliegen lernt, wirst du dein Leben verlieren.«

Als seine Familie voll Sorge den Mann später fragte, wie er sein Versprechen einlösen wolle, sagt er: »Im Lauf eines Jahres kann der König sterben. Oder das Pferd kann sterben, oder es kann fliegen lernen. Wer weiß das schon?«

ANTHONY DE MELLO

Ich freue mich, wenn es regnet,
denn wenn ich mich nicht freue, regnet es auch.

KARL VALENTIN

Und dann muss man ja auch noch Zeit haben, einfach dazusitzen und vor sich hin zu schauen.

ASTRID LINDGREN

Nicht verpassen möchte ich
das Einsetzen des Tauwetters
die Rückkehr der Zugvögel
das Aufspringen der Knospen
den Aufstieg des Kometen
Nicht verpassen möchte ich
die Flucht der Mächtigen
die Auferstehung der Schwachen
Nicht verpassen möchte ich
den Tag
an dem alle Felder grün
sind von Hoffnung
an dem auf allen dunklen Wegen
Kerzen leuchten
an dem die Menschen
sehen hören und sprechen

den Tag
an dem Steine weich werden
Ich möchte dabei sein

ANNE STEINWART

Am Ende die Rechnung

Einmal wird uns gewiss
die Rechnung präsentiert
für den Sonnenschein
und das Rauschen der Blätter,
die sanften Maiglöckchen
und die dunklen Tannen,
für den Schnee und den Wind,
den Vogelflug und das Gras
und die Schmetterlinge,
für die Luft, die wir
geatmet haben, und den
Blick auf die Sterne
und für alle die Tage,
die Abende und die Nächte. ▷

Einmal wird es Zeit,
dass wir aufbrechen und
bezahlen;
bitte die Rechnung.
Doch wir haben sie
ohne den Wirt gemacht:
Ich habe euch eingeladen,
sagt der und lacht,
soweit die Erde reicht:
Es war mir ein Vergnügen!

LOTHAR ZENETTI

Der eine sieht nur die Bäume.
Probleme dicht an dicht.
Der andre Zwischenräume.
Und das Licht.

E. MATANI

Und ich sah einen neuen Himmel
und eine neue Erde ...
Und Gott wird bei ihnen wohnen,
und sie werden seine Völker sein,
und er selbst, Gott mit ihnen,
wird ihr Gott sein;
und Gott wird abwischen
alle Tränen von ihren Augen,
und der Tod wird nicht mehr sein,
noch Leid noch Geschrei noch Schmerz
wird mehr sein;
denn das Erste ist vergangen.

OFFENBARUNG 21,1.3-4

Aussicht

Ich finde es Unsinn, jeden Tag zu leben, als sei es der letzte. Denn was sollte ich an so einem Tag noch tun, außer mich zurückzulehnen oder in Depressionen zu fallen oder in einen hektischen Aktionismus wie an einem letzten Urlaubstag?

Ich bin dafür, jeden Tag so zu leben, als sei es der erste. Was könnte nicht alles kommen!

SUSANNE NIEMEYER

Voltaire sagte, der Himmel
habe uns zum Gegengewicht gegen
die vielen Mühseligkeiten des Lebens
zwei Dinge gegeben:
die Hoffnung
und
den Schlaf.
Er hätte noch das Lachen
dazu rechnen können ...

IMMANUEL KANT

Segenslied

Gib uns deinen Frieden.
Gib uns deine Kraft.
Gib uns deine Liebe.
Hilf uns durch die Nacht.

Segne uns mit Leben.
Segne uns mit Mut.
Stärke uns in Krankheit.
Tröste uns genug.

Nimm dir unsre Sorgen.
Lösche Zweifel aus.
Zeig uns deine Wege.
Führe uns nach Haus.

TEXT UND MELODIE: TORSTEN HARDER

Texte

S. 2, 10, 11, 38, 49/51, 76, 92: Lutherbibel, revidiert 2017, Stuttgart (Deutsche Bibelgesellschaft) 2016 • S. 6f, 64f, 89/91: Lothar Zenetti: Auf Seiner Spur. Texte gläubiger Zuversicht, Ostfildern (Matthias Grünewald Verlag der Schwabenverlag AG) 2011 • S. 8: Kurt Marti: Werkauswahl in 5 Bänden, Bd. 5 Namenszug mit Mond, Zürich (Nagel & Kimche AG) 1996 • S. 12, 29: Mascha Kaléko: Sämtliche Werke und Briefe in vier Bänden, hg.v. Jutta Rosenkranz, München (dtv) 2012 • S. 14f: Hans Magnus Enzensberger: Kiosk. Neue Gedichte, Frankfurt am Main (Suhrkamp) 1995 • S.18: Bertolt Brecht: Die Gedichte in einem Band, Frankfurt am Main (Suhrkamp) 1986[4] • S. 21: © Ute Leser • S. 22: André Gide: Gesammelte Werke in 12 Bänden, Bd. III Autobiographisches Tagebuch 1923-1939, München (Deutsche Verlags-Anstalt in der Verlagsgruppe Random House GmbH) 2000 • S.23: IK 3857, Verlag am Eschbach (Patmos) 2007 • S. 25: Wolfgang Borchert: Das Gesamtwerk, Halle/Saale (Mitteldeutscher Verlag) 1958 • S. 26, 93: Susanne Niemeyer, 100 Experimente mit Gott. Von Abenteuer bis Zuversicht, Freiburg i. Br. (Herder) 2018[2] • S. 27: © Lilly Ronchetti, TK 4304 Verlag am Eschbach (Patmos) 2007 • S. 30: Dietrich Bonhoeffer: Widerstand und Ergebung. Briefe und Aufzeichnungen aus der Haft, hg.v. Eberhard Bethge, Neuausgabe, München (Kaiser) 1977[2] • S. 33: ZEITmagazin Nr. 34, 11.8.2016 • S. 37: Hape Kerkeling: Ich bin dann mal weg. Meine Reise auf dem Jakobsweg, München (Piper) 2006 • S. 42, 60, 74f: Oh! Noch mehr Geschichten für andere Zeiten, Hamburg (Andere Zeiten e.V.) 2010 • S. 44: Lothar Zenetti: Die wunderbare Zeitvermehrung. Variationen zum Evangelium, Trier (Paulinus Verlag) o. J. • S. 45, 84: Astrid Lindgren: Steine auf dem Küchenbord, Hamburg (Oetinger) 2000 • S. 46: Rudolf Otto Wiemer: Ernstfall, Stuttgart/Hamburg (J. F. Steinkopf) 1998[3] • S. 56f, 70: Typisch: Kleine Geschichten für andere Zeiten, Hamburg (Andere Zeiten e.V.) 2005 • S. 66: nach Carl R. Rogers: Entwicklung der Persönlichkeit. Psychotherapie aus der Sicht eines Thera-